Nimm's nicht so schwer
und lach mal wieder!

von

....

für

....

Bibliografische Information
Der Deutschen Bibliothek
Die Deutsche Bibliothek verzeichnet
diese Publikation in der Deutschen
Nationalbibliografie; detaillierte
bibliografische Daten sind im Internet
über http://dnb.ddb.de abrufbar.

Bildnachweis: S.9 (Vicky Kasala), 11 (George
Jones), 13 (Tim Davis), 17 (Gary Randall), 19
(GK Hart/Vikki Hart), 21 (Digital Vision), 23
(Jerry Driendl), 27 (Jim Cooper), 29 (GK Hart/Vikki
Hart), 31 (Steve Mason), 33 (Ryan McVay), 35
(Tim Flach), 37 (Colin Hawkins), 39 (Kathleen
Campbell), 41 (Digital Vision), 43 (Digital Vision),
45 (Vicky Kasala), 47 (Peter Cade): Getty Images;
S.15 (G. June/zefa), 25 (M. Rutz/zefa): Corbis.

Originalausgabe
©2007 vgs
verlegt durch EGMONTVerlagsgesellschaften
mbH, Gertrudenstraße 30–36, 50667 Köln
Alle Rechte vorbehalten

Umschlagfoto: Getty Images/GK & Vikki Hart
Umschlaggestaltung, Layout
und Satz: Christa Marek, Köln
Druck: Firmengruppe APPL, aprinta druck, Wemding
ISBN 978-3-8025-1736-5

www.vgs.de

LACH MAL WIEDER!

Deine Laune ist im Keller, und die Welt scheint sich gegen dich verschworen zu haben? Manchmal präsentiert sich das Leben eben grau in grau. Da kann es nur eines geben: Mal wieder richtig herzhaft zu lachen!

Es gibt so viele einfache Dinge, die das Leben lebenswert machen. In der Hektik des Alltags geraten sie nur allzu leicht in Vergessenheit.

Hunde, die Meister
der Lebensfreude, machen
es uns vor. Lass dich vom Spaß,
von der Freude und
vom Humor dieses kleinen
Buches und seinen Sprüchen
und Zitaten inspirieren und:
Lach mal wieder!

Manchmal hast
du keine Lust,
morgens aufzustehen.

Man kann auch
ohne Hunde leben,
aber es lohnt sich nicht.
Heinz Rühmann

Dann solltest du dich
ganz schnell daran erinnern,
dass du nicht allein
auf der Welt bist ...

Ein Leben ohne Hund
ist ein Irrtum.
Carl Zuckmayer

... und Freunde hast,
an die du dich
anlehnen kannst.

Wenn der Hund dabei ist,
werden die Menschen
gleich menschlicher.
Hubert Ries

Jeden Tag kannst du
Neues entdecken,
an dem du Freude hast.

Der Hund ist einer der wenigen
letzten Gründe, mit dem
man manche Menschen zu einem
Spaziergang überreden kann.
Orlando Batista

Denke daran,
wie schön es ist,
mit einem guten Freund
Zeit zu verbringen ...

Nimm die Bewunderung,
die dir dein Hund entgegenbringt,
nicht als Beweis dafür,
dass du ein großartiger Mensch bist.
Ann Landers

... und über dumme Witze
gemeinsam lachen
zu können.

Wenn es im Himmel
keine Hunde gibt,
dann gehe ich da nicht hin.
Pam Brown

Manchmal jagst du
Dingen hinterher,
die dir gar nicht
wichtig sind ...

Sich einen Hund anzuschaffen
ist für uns Menschen
die einzige Möglichkeit,
uns unsere Verwandten auszusuchen.
Mordecai Siegal

... und verlierst dabei
das Wesentliche
aus den Augen.

Wir müssen sein Vertrauen
und seine Freundschaft
nicht erwerben – er wurde
als unser Freund geboren.
Maurice Maeterlinck

Lass dich mal
wieder so richtig fallen.
Tu einfach,
was dir Spaß macht!

Mit Geld kann man
einen wirklich guten Hund kaufen –
aber nicht sein Schwanzwedeln.
Josh Billings

Genieße das Leben
in vollen Zügen.
Es lohnt sich!

Die kalte Schnauze eines Hundes
ist erfreulich warm gegen
die Kaltschnäuzigkeit mancher
Mitmenschen.
Ernst R. Hauschka

Mit Ruhe und Gelassenheit zur rechten Zeit ...

Ich habe große Achtung
vor der Menschenkenntnis
meines Hundes. Er ist wesentlich
gründlicher und schneller als ich.
Fürst von Bismarck

... und einer guten
Portion Humor
am rechten Platz ...

Du musst schlauer sein
als dein Hund,
wenn du ihm etwas
beibringen willst.
Deutsches Sprichwort

... lassen sich auch
scheinbar unüberwindliche
Hindernisse meistern.

Wer gegen Tiere
grausam ist,
kann kein guter Mensch sein.
Arthur Schopenhauer

Denke an deinen letzten
Streit mit Menschen, die dir am
Herzen liegen. Ging es da
nicht um eigentlich
unwichtige Dinge?

Ein gut erzogener Hund wird nicht
darauf bestehen, dass du die Mahlzeit
mit ihm teilst; er sorgt lediglich dafür,
dass dein Gewissen so schlecht ist,
dass sie dir nicht mehr schmeckt.
Helen Thomson

Dann solltest du ganz schnell
deinen Charme spielen lassen
und dich wieder versöhnen.

Die Treue eines Hundes ist ein kostbares
Geschenk, das nicht minder bindende
moralische Verpflichtungen auferlegt
als die Freundschaft zu einem Menschen.
Konrad Lorenz

Denn da, wo man
dich lieb hat,
da bist du zu Hause.

Wenn du einen hungernden Hund aufnimmst
und dafür sorgst, dass es ihm wohl ergeht,
wird er dich nicht beißen. Das ist
der grundlegende Unterschied zwischen
Menschen und Hunden.
Mark Twain

Wir sind alle
anders ...

Kinder und Hunde sind für unsere
Nation genauso wichtig wie die
Wall Street und die Eisenbahn.
Harry S. Truman

... deshalb mach dir nicht
allzu viel aus Kritik.
Wer dich nicht leiden kann,
hat keinen Geschmack!

Je mehr ich von den
Menschen sehe, umso
mehr liebe ich Hunde!
Madame de Staël

Und immer
daran denken:
Ein freundliches Gesicht ...

Der eigene Hund
macht keinen Lärm –
er bellt nur.
Kurt Tucholsky

... oder ein
kleines Lächeln kann
alles verändern.

Ein Hund kann mit einem kurzen
Schwanzwedeln mehr Gefühle
ausdrücken als mancher Mensch
mit stundenlangem Gerede.
Louis Armstrong

Lach mal wieder
und freu dich am Leben!
Es lohnt sich.